Inhalt

Standardisierte Bewerberauswahl

Kernthesen

Beitrag

Fallbeispiele

Weiterführende Literatur

Impressum

GENIOS WirtschaftsWissen Nr. 06/2004 vom 02.06.2004

Standardisierte Bewerberauswahl

M.Reiner

Kernthesen

- Jährlich entstehen in den Unternehmen hohe Kosten aufgrund von Fehlentscheidungen in der Personalbesetzung. (1)
- Um solche Kostenfallen zu vermeiden, werden Personaltest und Eignungsverfahren in Zukunft bei der Personalauswahl immer wichtiger. (2), (11)
- Vor zwei Jahren wurde aus diesem Grund die DIN 33430 mit dem Ziel eingeführt, den Markt für Personaltests transparenter zu gestalten und den Unternehmen standardisierte Normen zur Verfügung zu stellen. Die DIN, die nun in die Praxis

umgesetzt werden soll, findet jedoch bis heute nur wenig Beachtung in der Industrie. (4),

Beitrag

Personalaufwendungen betragen in deutschen Produktionsfirmen bis zu 30 Prozent der Gesamtkosten, bei Dienstleistern sind es über 50 Prozent. Trotz dieser Größe befassen sich Unternehmer nur peripher mit Strategien zur Mitarbeiterauswahl und entscheiden bei einer Stellenbesetzung oft nur nach Kriterien wie "Lebenslauf" und "persönlichem Eindruck". So tragen sie ein erhöhtes Risiko durch Mehrkosten, welche durch eine Fehlbesetzung entstehen können. Standardisierte Persönlichkeitstests sollen helfen, mit verlässlichen Gütekriterien das Potenzial von Bewerbern zu erkennen und die Mitarbeiterauswahl zu optimieren. (1), (2)

Kostenfalle

Fehlbesetzungen können zu einem enormen Kostenfaktor werden: Aufgaben bleiben unerledigt, Mitarbeiter sind aufgrund der Fluktuation demotiviert und unzufrieden, und die Kosten für eine Wiederholung des Rekrutierungsvorgangs können bis zu 25 Prozent des Jahresgehaltes ausmachen. (1)

Vor allem in kleineren Unternehmen wird zu schnell und unstrukturiert über eine Neubesetzung entschieden. (1).

Persönlichkeitstest

Der Lebenslauf und geordnete familiäre Verhältnisse sind nicht immer ausreichend, um die am besten geeignete Person für eine Stelle zu finden. Anhand von Test soll es möglich sein, Persönlichkeitsmerkmale der Bewerber zu erforschen und gute Prognosen für den beruflichen Erfolg zu erzielen.

Doch Personaler stehen hier bereits vor dem ersten Problem: Welche Verfahren sind wissenschaftlich abgesichert und damit tatsächlich aussagekräftig? Experten sind der Ansicht, dass von 100 Verfahren vielleicht zehn den wissenschaftlichen Anforderungen entsprechen. Um Unternehmen und Bewerber vor unseriösen Anbietern zu schützen, wurde im Juni 2002 die DIN-Norm 33430 ins Leben gerufen und soll sich ab diesem Jahr in der Praxis bewähren. (4)

DIN 33430

Nur Verfahren, die den Kriterien der DIN 33430 entsprechen, dürfen sich danach zertifizieren lassen. Dabei werden jedoch nicht einzelne Test auf DIN-Tauglichkeit überprüft. Die Norm bezieht sich vielmehr auf den gesamten Prozess der Personalauswahl. (1), (4)

Unternehmen, die sich auf freiwilliger Basis der DIN verschrieben haben, sind aufgefordert, ihre Strategien zur Personalauswahl zu überprüfen. Dies beinhaltet neben Stellenbeschreibungen eine Anforderungsanalyse, den Einsatz eignungsdiagnostischer Verfahren bis hin zur Qualitätskontrolle der Entscheidungsregeln. Die verwendeten Test, aber auch Assessment Center und Interviews sollten der DIN 33430 entsprechen. (4)

Zwei Jahre nach ihrer Einführung hat die DIN 33430 bisher nur in wenigen Unternehmen Beachtung gefunden. Eine verstärkte Bürokratisierung bei der Entscheidungsfindung ist von vielen Seiten unerwünscht. Auch ist die DIN erst vor Kurzem durch eine Lizenzierung der Software "Insights MDI" in Kritik geraten. So stellte sich der Test, den

Unternehmen wie BMW oder die Deutsche Bank angeblich verwenden, trotz Lizenzierung als umstritten heraus. (4)

Offene Fragen

Es bleibt fragwürdig, ob die DIN 33430 in der Zukunft den ihr zugedachten Platz bei der Personalauswahl einnehmen wird. Einerseits soll die DIN auf möglichst breiter Ebene die Unternehmen einbinden. Andererseits lässt sich anhand der Anforderungen für die Erlangung der Zertifizierung vermuten, dass vor allem kleinere Unternehmen nicht die notwendigen Ressourcen für eine Zertifizierung aufbringen werden.

Auch die Frage, inwieweit standardisierte Normen dauerhaft einer sich so rapide wandelnden Gesellschaft gerecht werden können, sei dahingestellt.

Es lässt sich vermuten, dass die DIN 33430 nur dann langfristig eine Chance haben wird, wenn ihre Normen einer stetigen Überprüfung unterliegen und einem breiten Publikum zugänglich gemacht werden.

Fallbeispiele

Seit Juni 2002 ist die DIN 33430 für berufsbezogene Eignungsdiagnostik in Kraft getreten. Derzeit werden Vorschläge erarbeitet, wie eine Umsetzung der Standards in der Praxis erfolgen kann. Informationen zum aktuellen Stand über die Erlangung der Lizenz, Kosten und Vorkenntnisse berichtet die Zeitschrift "Wirtschaftspsychologie" in ihrer Januarausgabe. (4)

Sinkende Zulassungsqualifikationen und steigende Anforderungen setzen die Personaler im Kfz-Gewerbe vor neue Herausforderungen bei der Lehrlingsauswahl. Zur Erleichterung bei der Nachwuchsfindung haben das Deutsche Kraftfahrzeuggewerbe (ZDK), der Verband der Automobilindustrie (VDA) sowie der Verband der Importeure von Kraftfahrzeugen (VDIK) einen Leitfaden zur Bewerberauswahl für die technischen Ausbildungsberufe im Kfz-Gewerbe entwickelt. Neben dem gesamten Prozedere vom Anforderungsprofil bis hin zur Absagekultur gibt es zusätzlich integrierte "Auswahltests" und Ratschläge zur Werbung und Bindung von Auszubildenden.(7)

Wie sich die Auswahl eines Mitarbeiters auf den Geschäftserfolg eines Unternehmens auswirken kann, präsentiert eine Fastfood Kette anhand eines

Kausualmodells: Demnach fördert eine bessere Auswahl von Angestellten die Mitarbeiterzufriedenheit und somit deren Leistung. Eine Leistungssteigerung würde entsprechend eine höhere Kundenzufriedenheit zur Folge haben und somit die Einkaufshäufigkeit und die Anzahl der Weiterempfehlungen steigern. Ergebnis wären ein nachhaltiges Umsatzwachstum und eine Zunahme des Shareholder-Values.(8)

Um die DIN-Norm 33430 auch für Laien verständlich und zugänglich zu machen, wurde jetzt ein Handbuch dazu veröffentlicht: "Eignungsbeurteilungen auf dem Prüfstand: DIN 33430 zur Qualitätssicherung" lautet der Titel von Lutz Hornke und Ulrich Winterfeld, zu erwerben bei: Spektrum Akademischer Verlag.

Bei der Bewerberauswahl von Führungskräften entscheidet sich oft, ob das Betriebsklima durch Motivation oder Opposition geprägt sein wird. Aus diesem Grund sollte bei der Einstellung einer Führungskraft immer auch die zu führende Gruppe und deren Strukturen unter die Lupe genommen werden. Welchen Schlüsselqualifikationen eine Führungskraft in Einkauf und Logistik mitbringen sollte, darüber kann man sich ausführlich in Heft 3 von "BA Beschaffung aktuell" informieren. (6)

Zehn "Qualitätsstandards für Personalentwicklung" präsentieren Stefan Höft und Bernd Wolf in ihrem gleichnamigen neuesten Buch. Neben Größen wie Systematik, Zielorientierung oder Entwicklungsmaßnahmen stellen auch Methoden und Instrumente zur Eignungsdiagnostik ein unabkömmliches Kriterium dar. (3)

Zwei Potenzialanalysen, die auf sparkassenbetriebliche Tätigkeiten ausgerichtet sind, können Personalern bei den Kreditinstituten helfen, verlässliche und gültige Aussagen über die Eignung von Nachwuchskräften zu treffen. Die Analysen können auch herangezogen werden, um eine Unter- oder Überforderung der Mitarbeiter zu vermeiden und eine realistische Selbsteinschätzung zu unterstützen. Entwickelt wurden die Verfahren "Nach Abschluss Bankkaufmann" (PA2) und "Führung/komplexe Beratung" (PA3) von der deutschen Sparkassen Finanzgruppe und der Sparkassenakademie Baden-Württemberg. Beide Potenzialanalysen entsprechen der DIN 33430. Die Auswertungsergebnisse in den "Betriebswirtschaftlichen Blättern" bescheinigen hohe prognostische Validität. (10)

Am 17./18. Juni 2004 findet zum zwölften Mal die Messe "Personal & Weiterbildung" in Wiesbaden statt. Über 200 Aussteller und 3000 Messebesucher werden erwartet. Informieren kann man sich bei der Messe über Themen wie Recruitingtrends oder Methoden zur Personalauswahl. (9)

Weiterführende Literatur

(1) 1. Personalkosten Management
aus WirtschaftsBlatt, 30.03.2004, Nr. 2086, S. 26,7,8

(2) Weidl, Bruno, K-Fragen für Spitzenleute, Süddeutsche Zeitung, Ausgabe Deutschland vom 29.3.2004, Seite 22
aus WirtschaftsBlatt, 30.03.2004, Nr. 2086, S. 26,7,8

(3) So wird Personalentwicklung zu einer messbaren Investition
aus wirtschaft&weiterbildung, Heft 03/2004, S. 30

(4) verbandsintern
aus Wirtschaftspsychologie, Heft 1/2004, S. 72 - 76

(5) Personalpolitik: Was müssen Sparkassen tun
aus Bank und Markt 05 vom 01.05.2004 Seite 024

(6) Hirschsteiner, Günter, Serie: Schlüsselqualifikationen in Einkauf und Logistik, Teil 5. Führungsverhalten, Handlungs- und Sachkompetenzen, BA Beschaffung aktuell, Heft 3, 2004, Seite 98
aus Bank und Markt 05 vom 01.05.2004 Seite 024

(7) Beurteilung von Lehrstellenbewerbern
Qualifizierte Auswahl
aus kfz-betrieb Nr. 12 vom 18.03.2004 Seite 033

(8) Larcker, David F. / Ittner, Christopher D., Wenn die Zahlen versagen, Harvard Businessmanager, Nr. 2 vom 27.1.2004, Seite 70
aus kfz-betrieb Nr. 12 vom 18.03.2004 Seite 033

(9) O. V., Messe: Produkte und Dienstleistungen, Süddeutsche Zeitung, Ausgabe Deutschland vom 15.5.2004, Seite V1/19
aus kfz-betrieb Nr. 12 vom 18.03.2004 Seite 033

(10) Erfolgreiche Evaluation der Potenzialanalyseverfahren
aus Betriebswirtschaftliche Blätter, Januar 2004, Nr. 01, S. 7

(11) Kosten senken mit Bewerbertest
aus Hamburger Abendblatt, Jg. 57, 08.05.2004, Nr. 107, S. 79

Impressum

Standardisierte Bewerberauswahl

Bibliografische Information der deutschen Nationalbibliothek

Die Deutsche Nationalbibliothek verzeichnet diese Publikation in der deutschen Nationalbibliografie; detaillierte bibliografische Daten sind im Internet über http://dnb.d-nb.de abrufbar.

ISBN: 978-3-7379-0880-1

© 2015 GBI-Genios Deutsche Wirtschaftsdatenbank GmbH, Freischützstraße 96, 81927 München, www.genios.de

Alle Rechte vorbehalten. Dieses Werk ist einschließlich aller seiner Teile – z.B. Texte, Tabellen und Grafiken - urheberrechtlich geschützt. Jede Verwertung außerhalb der Grenzen des Urheberrechtsgesetzes bedarf der vorherigen Zustimmung des Verlags. Dies gilt insbesondere auch für auszugsweise Nachdrucke, fotomechanische Vervielfältigungen (Fotokopie/Mikroskopie), Übersetzungen, Auswertungen durch Datenbanken oder ähnliche Einrichtungen und die Einspeicherung und Verarbeitung in elektronischen Systemen.